I0148675

Jueves, noche

LAURA WITTNER

Jueves, noche

Antología personal 1996-2016

bokeh ✳

© Laura Wittner, 2016

© Fotografía de cubierta: W Pérez Cino, 2016

© Bokeh, 2016

Leiden, NEDERLAND
www.bokehpress.com

ISBN 978-94-91515-49-1

Todos los derechos reservados. Cualquier forma de reproducción, distribución, comunicación pública o transformación de esta obra sólo puede ser realizada con la autorización de sus titulares, salvo excepción prevista por la ley.

De *El pasillo del tren*

[1996]

Arnold, mis novios y el paso del tiempo

Cuando nos separamos
me apropio
de los detalles que más me fastidiaban
en ellos: prender la radio a la mañana,
escuchar el último de Soda Stéreo,
(si me afeitara, seguramente fumaría
con la cara cubierta de espuma,
sólo rojos los labios,
caminando por la casa diciendo
que espero que los pelos se ablanden).
Por qué hago esto: imposible
de saber.
Cuando estoy sola
y ando por el centro
voy al cine a ver películas de acción:
que apaguen las luces y aparezca mi héroe
en la pantalla, con su gran rostro guaraní,
dando patadas a las puertas,
escuchando discos malos,
tirando la ceniza
al lavatorio.

La chica de la vuelta

En pleno, la pandilla de vagos del barrio
sentada en un umbral
disfruta de la luna.
Una ventana en altos se ilumina.
La pareja se besa,
él mete la mano por debajo
de su vestido de verano.
Es la chica de la vuelta.
Ella también los reconoce
aunque abajo está oscuro
y de algún modo
bajo influencia
deja que se ofrezca el espectáculo.

Te diré de qué estábamos hablando

me preguntaba
cómo podíamos mantener
una conversación tan tonta
toda la noche narrando
las proezas de la adolescencia
pero hoy al leer esta reseña
sobre una novela de Ridgway
de pronto lo comprendo
te diré
de qué estábamos hablando:
del amor en habitaciones
tomadas por asalto
del amor cálido y seguro
todavía lejos
de la primera descarga de tristeza.

Mis padres bailan jazz en el Café Orion

No es que leamos mal los signos.
Es que las cosas no son signos.
Andan solas, tan sueltas
que pueden deshacerse.
No bailar la última pieza
sino la anteúltima
y la última escucharla
llevando el ritmo con los dedos
en la mesa de vidrio
no es falso amor.
Erramos si alguna vez
creímos en esto.

Ventajas de fumar

Los pensamientos son silenciosos como sombras,
oscuramente torpes al maniobrar
en la noche cerrada
hacia una idea sobre algo.
El cigarrillo que se enciende
con su señal ígnea en equilibrio
permite contemplar los pensamientos.
Camiones que rompen filas
en lenta marcha atrás: cada cual
hace su maniobra y se aleja
y se pierde, por el camino oscuro.

Accidente

Es una mañana helada.
Despierta y ve a su marido
encajado en un sillón frente a la tele.
Te sale mejor
que a Bob Geldoff, le dice.
No eso, sino alguna otra cosa.
(Siempre pensó que su marido
era un potrillo joven atascado
entre las cuatro paredes de la vida).
Él agarra lo que tiene más a mano
y lo revolea para atrás.
Sobre su labio, el tiempo
pule la cicatriz sutil
el diseño angular
de una transparencia.

(sólo una teoría)

…cambiar de tren en Pisa
donde se han mezclado los andenes, los carteles
a mano traen indicaciones erróneas,
tachaduras… cruzar dos veces el mismo
pasaje subterráneo
para salir al mismo andén, donde llegará o
no llegará el tren,
enfocando sin anteojos las señales…

…estar en el mundo como en un tejido
que se sostiene en estaciones y aeropuertos
–y en cada punto titilante hay un amor:
que el mundo esté lleno de amor
tan al alcance de la mano
y sin embargo uno vaya cambiando
de tren, cansado, silencioso,
eligiendo sin mucho pensar un hotel,
un bar, un baño,
una ventanilla a favor o en contra de la marcha.
Así junto con el viento marino y la luz
que cesa ante un túnel para luego
reaparecer, el amor puede también acariciar
entrando por la ventanilla
sin necesidad de separarse de los otros elementos.

De *Los cosacos y otras observaciones*

[1998]

Vlodzimiesz, 1914

Los cosacos dejaron el pueblo
a medianoche y a los gritos.
Así también lo habían tomado.
Sobre caballos musculosos,
bestias heridas y sucias
que relinchaban con
voluptuosidad
—tal vez en cada hazaña
a un par les reventaba el corazón—,
y sólo conocían el galope.
El último cosaco
disparó al cielo tres o cuatro veces,
se volvió para una corta mirada al pueblo en llamas
antes de unirse al grupo.
Hubo una nube de tierra
al final del campo oscurecido.

Eduardo volvía de Checoslovaquia

Eduardo volvía de Checoslovaquia
y fuimos a buscarlo al aeropuerto.
Había un traffic jam en la 66,
pero llegamos finalmente
y pronto salió Eduardo con su equipaje.
Salieron otros hombres, probables
nativos de Praga.
De regreso, por la 66,
condujo Eduardo
y casi no se habló. Tal vez
por el calor
que hizo esa tarde.

De a poco el camino entra en el pueblo

De a poco el camino entra en el pueblo.
Álamos, setos, matorral aplastado,
y luego los primeros enormes hoteles de playa,
vacíos, con los postigos golpeando.
Sabemos que adentro
los dueños juegan solitarios
mientras el verano acude y el negocio
se pone en marcha.
Son los únicos allí
dentro de hoteles
vacíos, en sombras,
cada vez prueban cerraduras
de habitaciones
para quedarse viendo
un colchón, alfombras
color zapallo, mesas de luz.
Sin detenernos ni enfilar hacia la rambla
seguimos adelante.
El pueblo se dispersa, continúan
por un rato los álamos en fila.

Naranjas

Golpeando contra antiguos paisajes familiares
te hace temblar un sueño: más allá
de la ventana oscura
pasa un camión con su carga de naranjas.

De *Las últimas mudanzas*

[2001]

Las últimas mudanzas

East River, finalmente
los dos caminan junto a un agua negra
que se vuelve cruda con el viento.
Está que vuela todo:
el agua los cabellos los abrigos,
le resbala el idioma cuando asomada al borde
querría ofrecer una descripción
de lo que ve,
pero no importa. Guarda silencio.
Entre el río y la autopista
tiene ojos extranjeros para fijar
un cartel verde difusamente iluminado
del que sin embargo imaginaba la leyenda.
Mucho no se ve: allí abajo hay tormenta
le duelen los oídos y no quiere hablar.
Una Lucette adulta
entre el mar y el objeto
de su pasión, se arrojaría.
…Está un poco borracha,
se siente con el alma rusa y
tiene deseos de romperlo todo…
Pero su dicha es negociable.
Caminan juntos
cuando las luces comienzan
a centellear como alhajitas.
De noche este lugar
es como un cuerpo juvenil

engalanado de diamantes: ahí
le salió una descripción
que no le gusta para nada,
no. Guarda silencio,
se narcotiza con el aire.

De noche es una red de luces
lo que define la ciudad
—ya no los ríos
oscurecidos, desplazados. Cada vez
vamos más alto
en busca de la vista,
de algo apropiado para
este momento, un instrumento
técnico o ficticio.
Es que la media luna
que se dora al fuego
de una ciudad nocturna
hasta imitar sin falla
el color imperante
pide y da
—y recibe: gusto de vino rojo
y pescado crudo,
ríos surcados de puentes, saturados
de frío, el dedo que señala y especula,
y sin embargo…
se olvida, se deja ir,
se conversa… Una ventana más,
luz,
aunque pegados al vidrio
confiemos por un instante

en eludir el reflejo y quedar afuera,
pero: esto es una ventana más
y se conversa por encima del ruido.

Ves que varias cosas
ocurrieron aquí
cuando no estabas,
cuando ni pensabas
en un sitio como éste;
por nombrar un par,
solamente: una autopista
que corría sobre la tercera
avenida (la esquina más lejana
de tu casa)
fue desmantelada
en los 30, y un tiempo después
gente como por ejemplo
Dylan Thomas
y luego alguien
llamado Delmore Schwartz,
bebían en la taverna del
caballo blanco que queda,
o quedaba, en el Village;
pero nunca la viste.
Gran parte de la leyenda
mundial, de aquellos días
sobre los que leés,
pasaba en estas
calles. Pero también
en todos lados,
especialmente

cuando no existías.
Todas esas líneas
repletas de palabras
en las que
refregás tu cabecita
un domingo entero,
días enteros esperando
que te rescaten
fueron escritas hace poco,
cuando no existías.

Se han dicho cosas terribles
y ahora
no saben por dónde recomenzar
a apreciarse:
el amor es así
el amor no es así
lo inexplicable
es cómo un concepto tan difuso
se las arregló para
ser representado por algún sonido
en tantos idiomas
si no en todos.
Come torta de chocolate porque oyó
de varias fuentes
que el chocolate recompone el ánimo…
en fin, tanto
como para dejar
vagar la atribulada mente
hacia otros fenómenos
que también la sorprenden:

para el hermano menor
la diferencia de edad
entre sus dos hermanas
no remite en lo más mínimo
a la diferencia de tiempo con que cada una
hizo su aparición
en el universo:
ya estaban las dos
cuando él apareció
instaladas con cuarto
propio y en conocimiento
de los secretos de cuchillo y tenedor
y lazos familiares.
Incluso
(y ahora que los dientes rechinchinan
con el ataque y retirada
del violín
del concierto número 6
para violín y orquesta
confirma su sospecha)
si no le hubieran avisado
el hermano menor podría suponer
mayor a la menor
(y viceversa ciertamente) y
si nunca pensó en esto
es sólo porque no le importa
encasquetado como está
en su propia aparición
continuación, mantenimiento
con lo absurdo
que resulta

que exista la palabra y que el concepto
se dé por existente
sin mucha resistencia.

Precariedad del equilibrio
como en el botiquín:
abrir y que resbalen
los frasquitos, los medicamentos
que reboten contra
el cepillo de dientes
que aterrice
en un hueco mohoso. Últimamente
nos estuvimos yendo
bolso en mano
cada cual hacia un rumbo
desparramando, olvidando
pertenencias –la mesa
fue desarmada,
regalado el colchón.
Temperancia:
equilibrar el líquido en las copas,
pasar las ropas
de un bolso a otro.
A los trancos porque llueve,
mudanzas de prisa,
partes de cosas, telas
se enganchan con el viento
desde el baúl de un taxi.
Un momentito: un momento
de calma: se posan los ojos
sobre la situación,

se apagan los sonidos.
¿Es que todo con lo que vivía
está flameando por la ventanilla?

Qué hacés
si vas leyendo en el subte
y por dos segundos se apaga la luz.
(–Yo pestañeo. –Yo…)
De todas maneras esta persona
grita con lo que parece ser
su máxima capacidad verbal y pulmonar.
No hay resquicio
que no llene con su apelación
(you will respect my god;
you don't know what love is)
                        pero insistís
en leer.
Es algo
acerca del expreso trans-siberiano
que a toda velocidad cruza la noche
llevando en su interior
sonidos de puertas,
voces apaciguadas, tintineos
de tesoros para el contrabando;
es con esfuerzo
que unís estas ideas, y apenas duran:
el choque con la voz incesante
las destroza.
Ahora ríe locamente,
ya comienza a increpar a algunos pasajeros,
el oído se resiste, los lectores

abandonan el intento y fijan la mirada
en un horizonte negro y rápido.
Uno o dos se deciden
a la maniobra de cambiar de vagón
con el tren en movimiento.
Ya nada sabés
del muchacho del trans-siberiano
—recordaba a su amante,
que es triste y no sonríe
nunca.
Pensás en qué momento
va a comenzar a disparar
para ubicar los gritos sobre una partitura,
y en el horror de la gente
en la próxima estación
cuando el vagón se detenga
dejando ver los cuerpos acribillados,
y al gritón, feliz,
que sopla el humito del revólver.

El vidrio está punteado de gotas,
está goteado. Pero no nieva. Rojo ladrillo,
gris, las construcciones se ven
únicamente
tras las gotas. Nueva York,
de donde siempre se va alguien.
En las terrazas del aeropuerto
los fumadores
se miran sin hablar.
Es temprano,
y andan los dos por la luz

exagerada
de los pasillos.
A las 6 van a matar a una mujer en Texas.
(Pena de muerte). Faltan diez minutos.
La miran por la tele
mientras terminan sus cervezas.
Todo está sin resolver
y así permanecerá.
Tus párpados
que aletean como flores en un viento demente:
del que quiere
sólo tiene fragmentos.
Como las voces de altavoz
y los números de vuelo que retumban.
Drama visual
que se reitera en aeropuertos:
el (perturbador) desequilibrio
entre la fina azafata
y la pesada valija que lleva.
El súbito desequilibrio
entre el que se va y el que se queda.

Tener…

tener el don de la tridimensión
y querer sólo decir algo
de la vajilla recién lavada
que humea en el secaplatos —blanca porcelana y vidrio
                                                  / transparente
                                    exhalan el calor del agua
                                    junto a los metales
                                    que queman, si se tocan.
esta fuente de calor
admite un único encuadre
—el que la necesita como núcleo
de una dura sintaxis—   de todas las posibilidades
                                    que parecía haber
                                    sólo quedó la de acercar
                                    una silla al secaplatos.

El error

Leyendo las dos sobre una arena endurecida:
¿cómo es que antes teníamos pelo lacio
y ahora tenemos rulos, las dos?
¿Y esta venta de baratijas?
¿Y la piel de gallina en las piernas de mi madre?
En este mismo escenario, en esta arena
tuvo algunos capítulos
el tiempo pasado. De entonces
sólo ella y yo fuimos extraídas.
Pero ¿y el esplendor?
¿Y qué es ahí donde claramente
dice Parrilla Tenedor Libre?
El horizonte es pegajoso,
el mar gris inunda el cielo gris.

Hilo delgado

El momento de las buenas intenciones:

Recién bañado, peinado, con ropa limpia,
el momento en que se compra la pólvora
con forma de cono y de avioncito
y se repite a conciencia «hoy es 24».

El que se va por la ventana:

Se reparte la comida dorada y la música resuena.
Se come y se baila al mismo tiempo.
En el patio encienden estrellitas.
Uno está yéndose por la ventana:
medio culón, se atasca,
y hay un momento en que visto de atrás
es un gran culo superpuesto a una cabeza.

Delfín de aire:

El momento en que se quiere escribir,
sacar fotos, ir al cine, ir de excursión,
comprar uno de esos globos con forma de delfín.

Primaria:

El momento en que en el aula con olor a plastilina
Dina y Marta enseñaban a escribir.
Ni que hablar de buenas intenciones:
el pelo lacio peinado de mañana,
arrasado de nudos por la tarde.

Una foto

De Elizabeth Taylor, su familia,
y Richard Burton usando una cabeza
enorme, del ratón Mickey.
Elizabeth sonríe, posa las manos
sobre el regazo y dulcemente
mira a la cámara como diciendo:
heme aquí, éste es mi matrimonio,
he logrado insertarlo con naturalidad
en el fluir del mundo, y mi marido
se ha puesto, ya lo ven,
esta cabeza tan graciosa,
dentro de la cual también sonríe.
Hoy todo me da electricidad,
o yo le doy electricidad a todo.
Me sacuden descargas,
produzco clicks,
no puedo tocar nada.
También, siento la lengua
como cuando se está pasando la anestesia
pero al no haber anestesia, lo que siento
es que la lengua se me está durmiendo.
¿Qué tengo? No quisiera mirar a la gente tan de cerca
porque la piel me recuerda a otros materiales.
¿Se les abren los poros?
¿Pero a tal punto?
¿A mí me está pasando?
Hace tanto que llueve, que el agua se acumula

en los pasadizos de separación
entre los adoquines chatos,
y que la voz de la vecina
llega rallada por la lluvia,
que el día de hoy,
que iba a guardar como una foto propia,
donde yo misma sonreiría
sugiriendo mis mensajes a la cámara
se apelmazó con otros: forma parte
de una materia descompuesta, subterránea,
que hechizada por una maldición
no conecta, no contacta.

Epigrama

Dijiste algo y entendí mal.
Los dos reímos:
yo de lo que entendí,
vos de que yo festejara
semejante cosa que habías dicho.
Como en la infancia,
fuimos felices por error.

Noche con posibilidades

Para todo habrá tiempo: para pedir cerveza
y que mientras él vaya al baño
yo encienda uno de sus cigarrillos
pero al sacarlo del atado otro más caiga
y se ponga a rodar
y cuando intente atraparlo llegue hasta
el charco que por algún motivo apareció
entre los vasos,
para que mientras considero
si dejar que el cigarrillo se seque
o hacerlo desaparecer
él vuelva del baño y descubra mi torpeza,
y así seguir enumerando
sin que ningún eslabón defina nada
sino que sólo implique —se produce
en muy raras ocasiones
este fenómeno, este diverso proceder
del tiempo:
ya no transcurre
cambió de dirección
cobra profundidad
se subdivide indefinidamente.

Me cuenta mi padre…

Me cuenta mi padre que Toronto
es de vidrio y colores contra el blanco de la helada
y tiene diez kilómetros
de ciudad subterránea.
Aquí hace calor, yo paso en la oficina
algunas horas de la tarde,
vos tenés encendida la TV
y me llamás por teléfono. De paso
desbaratás Toronto
decís que una ciudad
intercomunicada bajo tierra
es una idea insensata –que si fuera por vos
no existiría población en Canadá,
tan a trasmano de un clima razonable.
Me quedo un rato largo sentada
frente al escritorio, pensando
en un material que pueda
ser modelado con los dedos
pero que también, con la presión
y la insistencia
se empiece a deshacer en migajas
hasta devolverse al vacío.

Siempre más o menos el mismo material

Tenés la remera manchada con mermelada del desayuno.
En un minuto partirá el tren, hacia el centro
de un continente, y nunca más se verán. Suena el silbato:
él se lleva la mano al pecho, y en un gesto teatral
muestra sobre su palma la piedra que encontraron juntos,
ayer en la playa.
Tenés las uñas repintadas una y otra vez. Capas de esmalte.
Salís de la fiesta al frío de la noche, te metés en tu auto
y conducís. En el semáforo desierto volvés a delinearte
los ojos con una raya negra desprolija.
Hojitas secas sobre el parqué junto a la puerta del patio.
Lo primero que viste al entrar a su casa fue una docena
de rosas amarillas atadas con una cinta verde abandonadas
sobre la mesa. «Se las regaló un hombre», pensaste.
Tenés una estrellita dibujada entre teta y teta.
Conducías en la nieve como si estuvieras acostumbrada,
y el reflejo del sol rebotaba por todas partes.
La primera señal de la ciudad fue un granero rojo
en medio de la nada.
Querías mejillones y aquí están: el mozo trae más,
dejás una pila de conchas vacías, decís esta fuente
ya se puede retirar.
Se mezcló el subtitulado. Las letritas
corresponden a otra serie.
Horas, días y años de lavar la taza del desayuno.
A veces pasás por la escena del hecho,
y te preguntás si realmente fue aquí que…

(love is all right for those who can handle
the psychic overload).
Se levantó el vestido para mostrarte el tatuaje.
Para dormir, valeriana. Para tragar, sulpirina.
Vacaciones en el mar: un ser desalentado
una silla y una mesa pequeña. De tanto remolino
la arena ya no encuentra dónde erosionar.
Un año más tarde te viste en una foto
de aquellas vacaciones con la campera verde
de siempre y trataste de extraer algún dato
o conclusión de tu mirada pero no pudiste
porque estabas con unos anteojos de sol
que no tenés idea de a quién pertenecían.

De *La tomadora de café*

[2005]

Dentro de casa

por qué tuvo que parar de llover?

James Schuyler

1.
Sube, vertical, hasta la punta del pino.
Donde mueve las alas en silencio, quieto.
Llueve. Devolver el chupete a una boquita ansiosa.
Sin o con público la actuación es igual
−es decir, es casi una actitud.
La función empieza a cualquier hora,
las horas sólo tienen validez
si las anuncia el relojito
amarillo omnipresente.

2.
Es como esa canción húmeda, morosa
que fui recibiendo de a fragmentos
y que tiempo después, un día
de llovizna llegó entera, íntegra,
y muchísimo más húmeda,
un himno
de amor inesperado
de golpe
en un bar.

3.
Si digo la verdad: en casa me despojo

del buen viejo cinismo, que queda
a un lado, vacuo y dobladito como un traje
de lanilla
en desuso.

4.
Amplios pliegues.

5.
A los 24 me ajusté la bata,
me senté a la mesa
ante un par de diccionarios
y me dije:

6.
Once años después.

7.
Toda una sorpresa
cuántas plantas florecen
o brotan en invierno.
Y de maneras no convencionales.
A una le sale un brote
en mitad de la hoja verde.
A primera vista parece bichada.
Hasta la más reacia, finalmente,
da una flor.

8.
Calabaza ha sido
su cuarto alimento.

9.
Juntos día tras día,
babelito y actimel.

10.
En el banco de plaza tres viejas
se hacen sombra.
Sostienen delante de sus ojos
los cuadernos de ofertas de Jumbo.
Se ponen de perfil y charlan
así, con los brazos extendidos.
La del medio para un lado y para el otro.
El resto de la plaza es puro sol.

11.
Hay que haber dormido poco y mal
para estar en condiciones
de percibir este momento tal cual es.

12.
Plomero, reintegros,
trigo burgol.
El día pasa
dentro de casa.

13.
Para las ocho de la noche
de un día de invierno sugiero:
sonidos de un estudiante de piano
desde un departamento impreciso.

14.
Dormir, comer, jugar.
Todas cosas importantes.

15.
«Observá con cuidado,
registrá lo que ves.
Fijate cómo hacés para que la belleza
resulte necesaria,
y la necesidad resulte bella».

16.
¡Qué peligro! El hecho,
en apariencia llano,
de licuar zanahorias o una tarde
hornear tres filas de galletas
te impulsa
del otro lado de una puerta
donde todo un universo te recibe
que habías, hasta entonces,
tratado de evitar. A partir de este momento
vas a necesitar todavía más.
Pero, ¿más? ¿Es posible?
¿Menos y menos autosatisfacción?
Anotá: hojas de lima, un wok,
chocolate de taza pero blanco,
galangal,
ginger root,
y ¡ay! ¿sería mucho pedir?
moldecitos siliconados.

17.
Están volviendo
todas las historias infantiles;
todo está siendo sometido a juicio,
ya nada es pintoresco, material para poesía.
Los padres son los imputados
y parecen culpables;
nosotros ya empezamos
a parecer culpables.

18.
Se me dirá: doméstico es cualquiera.
Yo no lo niego, pero no puedo
dejar de advertir algunas cosas.
Grito entonces si la silla con rueditas
pasa por sobre el gancho imantado del morral
y observo cómo la cafetera
empieza a aparecer por todas partes
ostentando sus dibujos de vapor interno,
su cáustico fondo fangoso.

19.
¡Recién ahora me doy cuenta
de que este sonajero es un pingüino!

20.
Mediodía de jueves en la plaza.
¿Qué hacés que no estás haciendo plata?
Le pateo
penales
a mi hijo

de cuatro.
Como un pancho
y hago crucigramas.
Saqué al perro,
me compré el *Olé*.
Soy abuela. Soy linyera. Tejo.
Intento levantar.
Murmuro.

21.

Hablamos de alimentos blancos.
«Astringentes».
En cuatro años
es la primera vez
que te escucho decir esa palabra.

22.

Pensar en parques, en sonidos,
y añorar. Cuidar la fiebre,
querer con todo el corazón,
y envolver con todo el cuerpo.

23.

Yo me pierdo en las connotaciones,
dudo de la existencia
de las palabras; lo mismo
con la veracidad de ciertas caras.
Del otro lado de la puerta
mi hijo aprende todo
y se me hierve el agua del café.

24.
La coca chisporrotea
en un vaso
en la oscuridad.

25.
Una flor de jabón
de color amarillo.
Ollas de acero
desparramadas
por el tablero
para jugar.
Me da vergüenza
reconocer en estos rasgos
que algunas cosas salen bien.

26.
Sola
mente
confiando en el instinto
–agarrada del instinto
así hago
mi trabajo.

27.
Te escribí un poemita
en la caja de kleenex.
Vuelve la imagen ésa del
chisporroteo, del
vaso, y de la oscuridad.

28.
Rodeo como cuando
no es suficiente una preposición
para decir las cosas de un segundo modo
aunque el primer modo la admitía.
También se puede
intentar
con el cuerpo.

29.
Te dormiste, hijito, sin comer.
La casa detuvo el movimiento.
Yo me puse a leer.
Respirás con un sonido suave
que es música de amor.
Mi éxtasis se mezcla con la duda:
¿querrás cenar a medianoche?
Y si es así:
¿pollo, polenta o espinaca?

30.
Olvidé contestar el llamado
y poner la albahaca en agua.
Ahora no puedo ir
porque si me muevo
se despierta.

31.
Viento, gotones, olor a pasto.
Vidriecitos que celebran este clima
oportunos, falsamente.

32.
Uno de los meses del otoño
me dejó esta enseñanza:
puede pasar, a veces, que las hojas caídas
entinten la vereda –no, es su impronta
de color fantasmal
y forma exacta. Resumiendo: lo que vi
fue la vereda decorada
con ausentes hojas
en una disposición que sospecho
reproducía una ocurrencia real.

33.
Suenan las maracas. Sigue la fiesta.
Yo camino al bordecito de la fiebre.
La fiesta sigue. Yo atajo en el centeno.
No puedo ni quiero ni debo
poner un pie más allá de la línea.

34.
Jazmines avejentados
en un frasco de yogur parmalat.
Perfuman la cocina
y pueden desconcertar más que el romero.

35.
¡Chau, tren!

36.
Talco mentolado delta,
bushi crema de caléndula,

óleo calcáreo, calcárea carbónica,
hipo, derma, no-sol glos,
dispita plus chico, mediano, grande,
apósitos grandes, medianos, chicos,
maicena, algodón, jabón
neutro, glicerinado, no perfumado.
Un resumen del año farmacéutico.

37.
Quiero una vida imposiblemente simple.
Y no lo digo yo; estoy citando.

38.
Pasó la floración y a principios del verano
el viento sopapea los altivos árboles
hoja por hoja; verdes las hojas
bailan y aguantan: son flexibles por jóvenes
y quieren farra.

39.
Y sin embargo no:
no cualquiera
es doméstico.

40.
Fui y me creí todo,
y eso me hizo feliz. Vi
dos mariposas prendidas en el sweater
de la chica sufriente, que se había quedado trabajando
en la penumbra, y fue perfecto, me dije, porque
el entero sentido de esa escena

podía condensarse en, y deducirse de,
las dos mariposas en el pecho, en diagonal.

41.
Si llueve, el bebé duerme
y yo me hago unos mates
hay mucha posibilidad
de epifanía.

42.
Tanta sobriedad acumulada
algunos días resulta en percepción enrarecida,
pasión, ofuscamientos, deleites súbitos
—en suma, delirio. Un pajarito abajo
pía y salta. La ventana de enfrente mientras tanto
reproduce. Yo era ésta también en otros tiempos.

43.
Fijo la vista en un día nublado
que posa frente a mí. Creo que para mí
abarca techos, chimeneas y ventanas,
cables, tanques y balcones laterales.
Lo novedoso aquí no es el tipo de clima
ni su abordaje, sino sólo
que esté juntando las perlas dispersas
en un racimo de atención,
que mire, vea, reciba el día gris,
y me haga recibir, también,
por un momento.

Verano puro

El calor trajo un zumbido permanente:
un rumor de edificios electrizados
mantiene en equilibrio
tanta inmovilidad.
Ventana tras ventana
exhibe una persona tendida leyendo
a la luz insectívora de veladores.
Unas pocas escenas iluminadas
por el televisor. Dos que ofrecen
partes de cuerpos
recién duchados.

A medianoche el cielo ronca como un mar.
Abajo el viento arrastra cosas ligeras
contra superficies duras.
Lanza formas
varios metros hacia arriba
que aterrizan segundos después. Reposeras
en balcones
            aun plegadas
                        caen de panza.

Alguien avanza sobre el patio con linterna
pensando cómo prevenir la inundación.

Hay un punto
titilando en la memoria

y varias líneas de pensamiento
que primero se desbocan pero después
decaen. La piel está húmeda
de múltiples maneras.
Se hace imposible desenredar
el detalle de la cita de la intención de teoría.
Se hace evidente que no hay nada que entender.

Cambios de luz

Las nubes deciden lo que nos hace esta penumbra, parece
que toda una familia de nubes migra
en una sola noche y por eso se apuran
una tras otra en esa línea de vapor mutante
que por fortuna atraviesa la luna
y es el apuro lo que las hace ir cayéndose, desprenderse
de cualquier forma en un instante, metiéndonos ideas
en la cabeza a vos y a mí que musitamos la palabra
de lo que vemos y en la segunda sílaba callamos
porque no es eso, está siendo otra cosa y así
no hay diccionario que resista.

La tomadora de café

1.
Con el segundo trago vuelve todo: los deseos.
Mesa baja de madera, taza blanca
con marca de café en su interior y plato blanco,
con restos de galleta de avena, vaso blanco
de cartón, con agua fría. Una señora camina por París,
toma vino tinto y seduce a sus alumnas.
Otra señora, sencillamente, se refleja sin querer
en un espejito rectangular y entre biseles
ve su propia barbilla, el cachete pecoso
y unas hebras de pelo. ¿Qué es esto?,
se pregunta. ¿La cara de una madre, o la de una señora
que pasea por París, toma vino tinto, etcétera?

2.
Ilustración de la teoría del esfuerzo.
La necesidad del merodeo y la confinación,
de la queja, mirar la tele y aceptar que llueva
durante días. El aroma, la escalera que lleva al ventanal en L
y a la mesa con mantel azul serán una elección y no un
                                                    / refugio.
A esto lo llamaremos «proceso de mejoramiento»:
con pocos trazos se compone una imagen
por la que hasta es posible caminar.
Una curva en la costa, tejados rojos,
un potrillito cómico que apura el tranco
para no perder de vista a su mamá. A la noche

veremos una estrella fugaz en el momento esperado.
Durante tres segundos se caerá del cielo,
y nos dejará en penumbras, en ascuas
bajo el resto de la vía láctea.

3.
Humedad: que en la tormenta píen pájaros
tener el pelo hecho una espuma y adornarlo
o apaciguarlo con una cinta verde
goznes que crujen sobre los mosquiteros
tazas abandonadas que sin embargo
gustamos de incluir en construcciones de ocasión
reconfortantes escenografías
pensadas así nomás, al sobrevuelo.

4.
Otra vez sólida y eterna
en la oscuridad del microcine.
Cuántas películas sirven para que una mujer
vaya volviéndose linda: si tiene tacos, si no,
si tiene la nariz medio ganchuda pero esa
esa sonrisa a medio armar
y esos miedos poéticos que un buen director
sabe enmarañar con uno o dos
mechones sueltos cuando se trata de su actriz
o de su espectadora, a quien sin conocer
ilumina y maquilla,
dejando que se entregue
a voluntad
al deleite, en la oscuridad.

5.
A dos metros: mujer con bolsa de tela
de la que sobresale una planta de aloe
mediana, sana (sana, mediana).
Enfrente: chica tocando las telas que mira
mientras se pasea entre pasillos
flanqueados por largos tubos de cartón
envueltos en lunares, lonas, zarazas, lanas a rayas.
Y arriba, en un balcón puesto a la venta:
señora que fuma sentada, vuelta al tráfico entrante,
observando el esforzado serpenteo de la avenida.
Tres maneras de enfocar a una muchacha.

6.
Toda la mañana hasta las 3
el cielo fue de gris a negro, de negro a blanco, a gris.
Tragos cortos acompañan la lectura. Un mordisco, una
                                                    / palabra
en inglés: substitution. A las 11 un llamado telefónico
de cierta trascendencia. Verdulería. A las 12 traducir,
a la 1 tomar nota: ¿qué me pongo? ¿lentes de contacto
o anteojos? Es decir, ¿cómo se encauza
un día lleno de nubes, tan maleable, dispuesto a todo?

7.
Se despertó el mundo. Se despertó la percepción.
Hicieron facturas en la panadería
antes del amanecer, y al kinoto le salieron cosas blancas.
Todo emana un perfume repleto y activo:
no se le puede dar más tratamiento
(un tratamiento mejor) que percibirlo.

Vida de hotel

Fruta pelada en platos blancos:
toronja rosa, naranja sosa,
melón ardiente, guayaba moza.
Plátano verde para tostones,
banana blanca, arrodajada,
deshecha a fuerza de cuchillo y tenedor.
Furioso chorro del café negro
que inunda la taza, mezcla
el sarro multilingüe,
la brisa tempranera,
marina punteada de nada, lisa.
De prisa, de prisa:
iremos corriendo al agua.
Líneas de sol en la guacaleta
que se vuelven redondeles y espirales
por andar confundidas con las hojas.
Quiero hablar, quiero cantar,
quiero cantar hablando
y hablar cantando pero no puedo:
me sale este runrún sureño,
asoberbiado. Soy sobria, soy tonta,
me enrollo el corpiño en una mano y nado.
Escucho mi respiración, él escucha la suya,
pero vamos juntos a ver peces.
Inspirar, exhalar, inspirar, exhalar,
me mira desde el visor y entre nosotros
se pasea el negro y amarillo pez a rayas.

Tras el pez, el pez viene tras nosotros,
frutas, pez y nadadores
enamorados: una disposición ikebanesca,
naturaleza viva, retrato a la acuarela,
modelos para una abigarrada
versión del origami vegetal.

Otra ciudad

Cuando levanto la vista veo nieve,
nieve refulgiendo desde el televisor.
Como siempre, titilan sobre el mapa
los lugares donde una no está.
Seguro extrañaría el mercado de flores
y despertar en este piso octavo
que se abre desafiando al viento.
La verdad es que hubo un solo día de nieve
y que hay una posible segunda versión
para las cosas conocidas.
Las valijas están hechas desde siempre
y además están sobre el sofá
en posición de espera.
Ese momento dura, se sostiene,
es una manera de estar:
estar a punto de ser abandonado.
El pozo negro de las valijas hechas,
reverso del desembarco:
el deseo humano por lo incompleto
que se refleja, dicen,
en la predilección por lo pequeño,
lo breve, el fragmento.

Algunas cuestiones que quería apuntar
esta noche de vuelta de una cena con amigos

El acostumbramiento a los pasaportes europeos
viejos, guardados en un placard,
la instancia de visitar a alguien en su humilde morada
que es una habitación (de un profesor),
o es una casa chica con cocina
(de un cura que te invita a tomar mate),
y dentro de esos límites te sentís seguro, agradecido,
satisfecho, no necesitás más porque no podés más,
y la conversación, al pasar, en la que se boceta
una historia que te parece que te había gustado
en la que varias parejas se juntaban a comer y contaban
/historias.
Y ustedes, ¿se pelean? nos preguntaron hacia el postre.
Era casi fin de año. Todos estábamos pidiendo deseos.

Cuando conocía a los perros

A Lenka

Le sigo la mirada,
la posa sobre un mueble,
está siguiendo
algo pequeño,
ese bichito que desciende.
Claro, podría pensarse
que es condición canina
observar los insectos
e incluso
lanzarse sobre ellos.
Sin embargo, para un perro,
mirar una arañita que resbala
mueble abajo
es tanta distracción
como para un humano.
No hace nada,
y además
mira un insecto.
El perro está aburrido,
o está pensando,
y cuando tiene una idea
se olvida de la araña,
se levanta y se va,
concentrado o displicente,
hacia otra parte de la casa.

Pobres los perros,
repetíamos,
pobres
los perros.
Que se nos mueren antes,
se van en episodios
que ni ellos entienden.
Y dejan esa memoria
rara, que no termina de ser trágica
ni cómica,
recuerditos que salen
al patio
a enredarse con otros,
para bien o para mal,
guiados, confusos,
por nada más
que el instinto.
Y cómo nos miraron,
enormes, directo
a los ojos,
queriendo darnos consuelo
para esas cosas
de humanos;
pidiendo consuelo y agua
para sus cosas
de perros.
Sara, Beto, Donko,
Chango, Pamela,
Tinka,
Perlita.
Lenki.

De *Lluvias*

[2009]

A la noche va a llover

Lo dijeron en la tele;
lo dice el cielo que evidentemente
se va preparando pero sin apuro:
formula nubes blanduzcas
cada vez más opacas
y cada vez más dueñas y señoras:
levan, intentan hacer del cielo un techo,
exhalan ese perfume promisorio
transformador del tono molecular del aire.
Lo publicaron en el diario
con el dibujo de la nube gris
atravesada por el rayo;
sólo queda esperar, disimulando,
como si la certidumbre de la lluvia
no se volcara sobre nuestros actos
renovando del todo su carácter.

Interior

Débil olor a lluvia, y las hojas del árbol que empiezan a
moverse.

Deseo inconfesable: que llueva, que no venga nadie.

Refugio en medio de las cortinas de agua,
sabiendo que existen otras cosas, pero que no hay acceso.

Viraje

Cuando en el cielo ardiente,
inmaculado de verano se abre paso el manchón gris.
Escarba desde el vértice, y a los entendidos nos murmura:

«Pronto reinará el negro, el morado.
En unas horas los habré liberado.»

La vida es lluvia

que de repente toma envión y hace más ruido
algo así como dos kilos de papas
rallados sin miramientos
con una fuerza bruta judía y femenina
flecos blancos
caen y se amontonan en el enlozado
igual, muy parecido a como
las oleadas de gotas se vuelcan desde el cielo
y chocan contra membranas impermeables
con fuerza triplicada, ralliplicada.

De noche de día

Sólo un cauce logró atravesar la persiana
y estamparse en el vidrio, que está sucio
de gotas anteriores, agrisadas, resecas.
Llegó triunfal, rebotó varias veces
y ahora es sendero oblicuo de lunares
acuosos casi sin profundidad,
milímetros de diámetro.
Aquí reventé, y me multipliqué,
dice el chorrito mañanero,
un poco confundido porque siendo las 11
el cielo es negro y no hace más que cernerse
en los sentidos 5 y 8 de la Real Academia.
Llover suave y menudo.
Amenazar de cerca algún mal.

Quedó gris

La estufa en piloto, un cable sacudido por el viento.
Dormís, voy por la página noventa.
Ropa nueva, futuro, iris blancos en agua,
y un cielo que no piensa despejarse.

Así empieza un otoño;
así me gustaría que empezara.

Casa en el bosque

Afuera, restos de agua
cuelgan de las piñas que cuelgan de las ramas.
Varias formas ovales proponiendo desprenderse:
todo baja.
Acá, un silencio excelente. Ráfagas breves
de gotas de último momento sobre techos y vidrios.
La nube, que termina de exprimirse
y manda optimistas latigazos.
Un calor raro, sobreinducido,
para marearnos por la noche,
ahora, con el alerta de las naranjas y el café,
casi nos hace estallar de expectativas.
Coronando actividades mudas,
motores y fluidos que sabrán lo que hacen:
lo hacen, supongo, por nosotros.

Paseo

Buscando recuperar el estado de flotación
que existió una, dos veces como mucho
en cada relación o actividad
la persona sale de su casa,
testea el aire, elige la postura y se lanza hacia adelante
para un rato después encontrarse circulando
entre escenarios de los que espera demasiado:
muy verdes hojas de hiedra sobrecrecida
como trapos colgando de un alambrado de uno treinta,
luces amarillas de un fulgor desconcertante
que en su disposición son molde
de lo que se llama planetario,
graffitis modernos con pintura plateada
y el tren que justo entonces pasa por encima,
en fin,
          todo tipo de cosas sugerentes
que algo tendrían que entregar
si el cable de este razonamiento
no se hubiera cortado en algún punto.

En la puerta

La secuencia es tan simple como sentir alivio
(marea que baja y desagota por los pies)
y quedar aptos para hacer algo por la vieja
que está siempre en la puerta con la llave
y el almohadón apelmazado, dando paso.
De pronto es fácil conversar,
como propone, sobre el tema
de comer fruta por la calle.
Menciona mandarinas y manzanas,
por la calle es mejor, dice, comer fruta.
Y es capaz de aportar a la conversación
un esfuerzo importante: ilumina
escenas recordadas.
En las que joven (perfecta)
lejos del almohadón sale a la calle
y deja que la materia azucarada
la recorra en línea vertical
para que esa fluorescencia de las frutas
irradiando, la haga parecer santa.

Doce hazañas

Verano, las seis, un olor desfasado
que ubico por no darle muchas vueltas
en el casillero de «pochoclo».
Los tres tirados en la cama grande.
Mi mamá se adormece, mi hijo
se duerme de perfil en mi abrazo.
Entiendo que me llegó el momento
de estar despierta y vigilar
que ningún semidiós quiera venir a tirarnos
las víboras durante el sueño.

Volviendo de Charlone

Ahora el sol ejerce
su posibilidad aplastante de domingo a las cuatro:
así no hay forma de disfrazar el golpe
de estas ventanas fugaces cuyas escenas,
por congeladas, son peores.
La señora muy vieja de perfil
sentada a la mesa fuera de hora
mirando fijo hacia delante
y eso es todo.
Desde la calle cualquiera da por hecho
que esos ojos tan abiertos son horror
y ese gesto es el de haber abandonado
lo que alguna vez se supo, si se supo;
sólo estar proyectando
contra la caja hueca del televisor
pedazos de pasado (pero ¿qué es? ¿existió?),
presente en picadillo (pero ¿es así?
tal vez esa visión estática y temible
haya logrado componer,
o crea haber logrado componer,
finalmente algún sentido con todas esas partes).
Desconociendo ya
su perfil, el que se muestra.

Huecos

Falta el vidrio
de la ventana del baño.
Un tablón de la persiana
se está por desprender.
Se me salió la corona
provisoria, y ya no paro
de creer que reconozco gente.
Todos los bares parecen estar llenos
de gente que conozco o conocí:
amigas de una amiga
vecinas de otra década
compañeros de estudio
que nunca saludé;
existirán, calculo,
unas diez caras
intercambiables en total.
Me siento a leer con
un lápiz y un pomelo triangulado
y estoy a punto de comerme el lápiz.
Hasta imagino el
sabor de la madera
y cómo cruje entre los dientes.
Mucho murmullo cruzado.
Lo de encontrar la luz es verso
o está en verso.
Como si todo esto no fuera
más que una ligera superficie

donde jugamos a danzar
–ratoncitos imantados–
y por debajo el vacío, seriamente,
se dedicara a desplegar sus pasadizos.

De *Balbuceos en una misma dirección*

[2011]

Balbuceos en una misma dirección

Todo es un poquito raro.

Juan Lima

E tutto è molto strano.

Eugenio Montale

1.
Las cosas enrarecen
a la primera de cambio.
Un empujón magnético
–invisible, indoloro– ya desfasa.
Un cambio de jerga que tapa un conducto
abre otro y transfiere
el escenario entero al contexto de al lado.

Y allí, tras las paredes de papel,
queda el sentido, bamboleándose.

2.
Se esconden, los sentidos,
unos detrás de otros. Hacen cú-cú
en esa larga fila de metamorfosis,
signos leídos a velocidad
y sonidos que un instante son sutiles
y al siguiente, monstruosos
(como los que entran, de noche,
por un solo lado de la almohada).

3.
Además: el pacto de credibilidad.
Todo, un día, es lejano; se piensa
en la especie humana como en «ellos».
Se les admira la organización,
el ingenio en inventos
como el cochecito de bebé,
el colectivo, la heladería artesanal.

Otro día hasta ese aroma eléctrico
a simulación de pan casero
ennoblece el curso que hemos dado en seguir
(nosotros, los cositos
surgidos en la Tierra).

4.
Estos traspiés
entre lo que se esperaba y lo que es.
Ver un momento, solamente,
de la larga vida ajena:
sentados en la puerta de su casa
toman cerveza mientras baja el sol
y por mascota ahí nomás tienen pastando
una vaca, un caballito, un pony.

5.
Lo falso siniestro.
Las sombras con perfil de monstruo
remodeladas ante cualquier luz,
las amenazas convertidas en picnics,
el día de pánico en vano
archivado junto a tantos otros.

6.
Igual que la burbuja –que es perfecta
cuando surge y sabe equilibrarse
de los labios al aire y ascender
seductora, reflejando el universo
hasta que deja de disimular
su condición de frágil detergente
para, con veleidades de espejismo,
unirse al aire, dejarse tragar
por ese medio graso y agresivo,
pesado hasta la sordidez
que se había ofrecido a sostenerla–
es el impulso, la voluntad.

7.
Qué caos.
¡Qué cacho…!
¿Qué cazzo…?

El campamento está armado en la frontera
pero también la frontera es imprecisa
y además, claro, es sólo un campamento.

Mi lado del diálogo

Está bien; pero cuando atravesábamos paisaje
árido o húmedo, industrial o bucólico,
bajo cielos turquesas o el efecto de drogas
la muerte y la enfermedad estaban lejos.

Basta, además; tanta preparación teórica
para lo que hay que decir, que nunca es mucho.
Dos cosas: ser amables los unos con los otros;
en el círculo íntimo, divertirnos, gozar.

Es que fugaz es todo.
Pasa que cobra peso en la memoria.

Mirá, no lo reenvíes.
Lo que te estoy diciendo te lo digo sólo a vos.

Por qué insistimos con los viajes

Los postes del alambrado se suceden
dentro de los límites que el dedo desaguó
en el vaho del vidrio: son segundos
en la acechante línea temporal, guiones
en la línea espacial junto a la ruta,
guiones son segundos son guiones, un viaje
tranquiliza por un rato, propiciando
que avancen juntos el espacio y el tiempo.
Que pase el tiempo, que pase el espacio,
que pase uno por el tiempo y el espacio,
suspirando por fin:
esto tiene
más sentido.

La pareja invernal

Montaron su pequeño universo
dentro del auto frenado en la esquina.
Se dicen cosas, se ve que hablan,
resulta todo muy satisfactorio,
un núcleo duro entre lo blando:
polarizado, alientos y calefacción

                    —no desempañen:

                              esa cápsula es mágica
                              mientras siga difusa.

Sábanas frescas, toallas limpias
y papel con membrete

Tomá, acá te dejo las llaves
y lo que soy y tengo queda atrás.
Cuidame todo que ya vuelvo o ya no vuelvo.
Acá te dejo las llaves.

Cómo hacer cosas con palabras

El zeide Aarón, en sus últimos años,
me compró el María Moliner,
el Simon & Schuster's y el Garzanti,
y en el cauce ídish del porteño
con un beso y un abrazo, sentenció:
«No te entregues tan fácil».
Do not go gently. Rabia y risa, y después,
cartas vía aérea con su letra trabajosa.
Y a la vuelta, almuerzos sencillitos
en el silencio austero de su departamento.
Se murió, claro. Yo ahora hago buen uso
de las palabras que se ocupó de conseguirme.

El zeide Leo, a mis ojos,
vivió entre pajaritos enjaulados
y máquinas de coser.
No me habló: pero puso mi nombre
en hilo rojo de bordar, en gran cursiva
en una bolsa de tela azul marino
que se ocupó de fabricar.
Él se murió; yo seguí usando
la bolsa unos dos años más.
El zeide Leo, entonces, dice Laura.

La bobe Elena: «Tu papá está grave.
Esa verruga es venenosa.
Es un secreto entre nosotras.

No lo fastidies». ¡Mentira!
Cantó, jugamos,
me mostró qué tiene de importante
la forma en que la luz decide
atravesar cada grupo de hojas
en hileras de árboles,
me convirtió al chocolate de taza
y me mintió.

La baba Etia. ¿Qué palabras…?
¿Cómo armamos tanta cosa en siete años?
¿En qué tonos y voces?
Cruce fugaz, pero fulminante.
Sólo puedo citar: «No aguanto más.
Nunca voy a salir de este hospital».
Yo huí por un pasillo blanco
oníricamente interminable.

Debajo de la sombrilla

Debajo de la sombrilla
varias tortugas moldeadas en arena
se yerguen e inician su camino hacia el mar.
Apuntando, tal vez, en dirección opuesta
nudos de histéricos cangrejitos negros
patalean al violento vaivén
de un baldazo de espuma estancada.

Vemos a otros —en fin: a nuestros hijos—
ocupar diestramente el espacio
reservado para momentos fundantes:
tomar la ola de frente,
dejarse mojar
los pies por lo que viene y va;
vencer el frenesí, flotar,
hundirse poco a poco en arenas movedizas,
emerger.

¿Quiénes nos creemos
al sol y desvestidos,
revolcados en los torrentes del amor?
¿Ambiciosos directores de una escena sobreexpuesta
manoteando recursos, utensilios?
O mejor: responsables
de, con un crudísimo presente,
ir armando el álbum de recuerdos.

La fiesta

Levantaron la compuerta del baúl
y salimos arando hacia el fondo del cielo.
Carreras, equilibrios y verticales-puente
en ámbitos que se levantaban y caían
a nuestro paso, según nuestra voluntad:
galerías con arcos y columnas,
infinitos gimnasios con pisos de madera,
tinglados ásperos con reverberaciones,
y así…

Figuras finas y flexibles, fuimos, en esa tela inmensa
donde el mayor esfuerzo del pintor había estado en la luz:
llegar al tipo exacto de luz con el óleo
y de paso atrapar la blandura del aire;
el punto exacto, en óleo, de esa consistencia.

A los grandes los volvimos a ver
dos o tres veces a lo largo del día.
Por el momento no eran más que una idea
o varios pares de sombras demarcantes:
esto es centro, esto es suburbio y lo del medio es no-terreno,
sin saber que tragábamos aire casi ilegalmente
de y en cada una de esas franjas
siempre a punto de pasar a ser otros.

Todo cambió cuando corrieron el toldo con la noche.

Sin la velocidad de los espacios abiertos
nos subsumimos en zonas apretadas,
pozos a compartir con las luciérnagas.

Tanta luciérnaga en los ojos,
tanta humedad y reflejos estelares
—como el confeti o el rocío de sal,
o ese humo abrillantado de las grandes explosiones—
funden los cinco sentidos en un sexto.
Pispeamos desde ahí a nuestros padres en sombras:
y resultó que se habían puesto a administrar
una fluida intimidad en la que cada recoveco
servía de altarcito para un símbolo.

Tierna es la noche, parece, nos dijimos.
O qué nos podemos haber dicho.

Salvo que sí, hay una subcorriente
nocturna, como en cualquier día de playa
bajo la sólida costa, por las venas iodadas
transcurre lo decapitado en general.

De *La altura*

[2016]

Aerosilla

Flota sobre el silencio de maleza
prende un cigarrillito y va subiendo.
No existe más allá de ese chirrido
intermitente, del bamboleo mareado
en dirección al cielo. Los pies
en primer plano; no el presente
ni el futuro, ni nada. Sí los pies
que cuelgan, y también la roldana
que chirría, y el perfume caliente
de la maleza abajo, y el del humo
que la esconde y la acuna en su estrategia.

Demolieron el hotel de enfrente

Demolieron el hotel de enfrente
en no más de tres días
así como el avión del que bajé
volvió a hundirse en el cielo
mientras yo empujaba mi carrito
y empujaba hacia el fondo el castellano
componiendo mi mejor versión:
agente secreta en migraciones
o capataza de obra
parada con las piernas semiabiertas
sobre las últimas ruinas
de lo que alguna vez fue un tercer piso
con el casco bien puesto
y la mirada en señal de rompan todo.

Hamaca

En la noche negra
con olor vegetal
el chirrido en vaivén
de una hamaca
en lugar de conciencia.

Exhibición de atrocidades

Alguien pescó, cortó y dejó
en la orilla esta cabeza de pescado
unida simplemente a su intestino.
La veo y siento mi propia cabeza
cómo se continúa en la garganta
y más allá. Con el mar hasta el culo
se besa la pareja enamorada.
La joven pareja enamorada.
También estuve ahí, sí, claro,
¿quién no? Una mujer sin pelo
entra al agua con determinación.
Apelmazado de sal un perro suelto
olisquea por sorpresa la entrepierna
de una chica en bikini: «¡Salí,
perro de mierda!» (cito textual). Si tres
granos de arena secos son capaces
sobre la roca, al viento, de variar
en dibujos infinitos, ¿cuán atroz
puede ser la variación de esta escultura
que en arena dura y húmeda sugiere
un castillo, un torso femenino,
unas montañas, un circo, una frontera?
¿Qué se arrasa por dentro de los moldes
y convulsiona y en lo químico muta
mientras una tan campante veranea?

Por qué esto es un poema

Si hay algo que de verdad me importa
es apropiarme de los nombres.
Para eso tengo que practicar
porque los nombres –salvo el propio–
son los nombres de otros.
Metzer Straße
repito mientras camino contra el viento.
Friedrichstraße. Carsten.
Ajusto los músculos de la garganta.
Me afirmo sobre el suelo.

Mi padre y mi hermano
se encuentran en las olas

Desde la orilla el oleaje parece de cartón:
bandas movidas por secretas manos
a destiempo, como en los fondos de los títeres.
Parada acá veo a mis hijos en la cápsula
llamada infancia, donde se saltan olas
según reglas estrictas, y a donde todavía
a veces entro; y mucho más allá, de un lado
mi padre, y del otro mi hermano
que no se saben mutuamente, no se ven
y luego no se reconocen
porque nadan los dos sin anteojos.
Sólo yo los sé a todos y por eso
señalizo con el cuerpo entero
una coreografía sin duda innecesaria:
que tira el mar, que vuelvan hacia la izquierda
(para eso un brazo viborea
y el otro se alza en semicírculo)
que todo bien (pulgar) pero no vayan
más profundo (retroceden los pies)
que (a mi padre) aquel que nada ahí es su hijo
y (a mi hermano) que en esa misma línea
de olas marrones, el que nada es mi padre
que se saluden (uno los índices al centro)
que naden juntos (esto es sólo mental)
que estoy contenta de estar ahí cuidándolos
(bailecito).

Viento

El viento abrió las puertas del balcón
y en un segundo hizo volar por el living
un río de escombros, todo lo que está suelto
todo lo apoyado en superficies:
cartas de *Cars*, peladuras de lápiz
expensas, papel crepé en bollitos
dibujos con y sin dedicatoria
un estíquer, un clip desenrollado.
Rugía, ese viento, traía lluvia frenética:
salimos a gritar al balcón
mis dos hijos y yo, porque fue un año duro
y pensé que nos lo merecíamos.

Jueves, noche

Por la Loíza (con Mara y Nicole)

Olí el ylang ylang
y no supe decir
de dónde venía tanta dicha.
Pregunté y me explicaron:
«Son esas desairadas,
apenas flores». Vi
unos manojos verde claro
de alicaídas serpentinas.
No era fácil saber
qué era hoja y qué flor.
No sé qué vi: la dicha
fue el perfume como de otro universo
y el sonido de ese nombre: ylang ylang
ylang ylang
                    ylang ylang.

Jueves, noche

Mi hijo maniobra jugadores de básquet
en la pantalla, desde el joystick.
Mi hija pasea playmóbiles
en una vieja combi Lego
procedente de otra infancia.
Las luces están todas encendidas
y cada una cumple su función
porque enuncia otra tonalidad;
y todas juntas cumplen la función
de mandarme de gira a cada rato
a bajar teclas y repetir la antigua frase
la oración heredada: «¿Por qué
dejan todas las luces prendidas?».
Pongo música y lleno una botella
con el agua del filtro.
Cuando aparece el chisporroteo del aceite
doy vuelta una por una las batatas
porque no dejaré piedra sin mover
en la búsqueda del perfecto amor doméstico.

Recordatorio desde la cordura

Estar leyendo a Chejfec
de mañana temprano en un café semivacío
y recordar que me interesa el mundo
y las representaciones del mundo
y los pensamientos
sobre las representaciones
del mundo.

Por qué hay que reconstruirse a cada rato

A las ocho de la mañana, sentada ante el monitor
oigo que se barren vidrios en un espacio vecino
auditivamente conectado con el baño
pero tal vez más lejos por uno de esos trucos
que sobrevienen entre edificaciones.
Pedazos inverosímiles de grandes
arrastrados y entrechocados como con pala mecánica
una pala gigantesca, o más bien de fantasía
un instrumento de la ciencia ficción
creado para la doméstica tarea cerebral
del barrido de cascotes y cristales.

Por qué si me postran mil veces me levanto

Los patios internos.
Los baños y cocinas con pileta cuadrada.
Los ambientes semicirculares
con ventanal corrido.
Un aro de básquet en la calle
para que tire cualquiera.
El café exacto que todo lo arrasa
y todo lo eleva durante media hora.
El cielo cuando se decolora hasta quedar en blanco.
La pronunciación de un idioma extranjero
rodeándome como una atmósfera
cargada de sentidos ocultos.
Las charlas con mi hija en el balcón.
Las charlas con mi hija en un colchón
atravesado en el living, sin sábanas.
La mano de mi hijo adolescente
en mi mano cuando nadie lo ve
trazando la misma caricia que en la infancia.
La memoria de todas las caricias
que dejaron su dibujo indeleble.

Salvo los poemas incluidos en la última sección de este libro, que se publican por primera vez aquí, los demás proceden de los siguientes volúmenes, editados durante los veinte años transcurridos entre 1996 y 2016:

1996: *El pasillo del tren*. Buenos Aires: Trompa de Falopo

1998: *Los cosacos y otras observaciones*. Buenos Aires: Del Diego

2001: *Las últimas mudanzas*. Bahía Blanca: Vox

2005: *La tomadora de café*. Bahía Blanca: Vox

2009: *Lluvias*. Buenos Aires: Bajo la luna

2011: *Balbuceos en una misma dirección*. Buenos Aires: Gog y Magog

2016: *La altura*. Buenos Aires: Bajo la luna

www.ingramcontent.com/pod-product-compliance
Lightning Source LLC
Chambersburg PA
CBHW022011080426
42733CB00007B/566